AF370047

RESPONSE

AV MANIFESTE

publié par les Perturbateurs
du repos de l'Estat.

A PARIS,

Par ANTOINE ESTIENE, Imprimeur
du Roy, ruë Sainct Iacques, prés
le College de Marmoutier.

___

M. DC. XVII.

RESPONSE

AV MANIFESTE

publié...
du règne de Iesus...

A PARIS.

Par Antoine Estiene Imprimeur
du Roy, rue Sainct Iacques, prés
le College de Maistre...

M.DC.XVII.

RESPONSE AV MANIFESTE
PVBLIÉ PAR LES PERTVRBATEVRS
du repos de l'Estat.

NCORE que les Roys n'ayent point accoustumé de rendre conte de leurs actions à ceux que Dieu a sousmis à leur authorité, toutefois sa Majesté considerant que les grands Empires se maintiennent par la renommée, elle a iugé qu'il estoit à propos de faire cognoistre au Ciel & à la terre la Iustice des armes qu'elle est resoluë d'employer pour se faire puissamment obeïr dans son Estat où la rebellion commence à ietter de trop longues & de trop pernicieuses racines. Si les autheurs de ces mouuemens s'estoient contenus dans les bornes de la force ouuerte, s'ils s'estoient contentez de se saisir de ses Villes, de voler ses deniers dans ses coffres, d'emplir ses Prouinces de Soldats estrangers, d'auoir proietté le demembrement de son Estat pour bastir leur grandeur de ses ruines; Parauanture se fust-elle aussi contentée de repousser & de venger ces iniures par la puissance de ses armes: Mais leur insolence estant montée à vn tel comble, que ioignant les artifices aux violences, ils osent encor publier de calomnieux Manifestes, par lesquels ils s'efforcent de iustifier leurs crimes en diffamant son Gouuernement, elle a creu qu'outre cela il falloit faire des-abuser ses peuples dont on tasche de corrompre la fidelité par de si sanglantes, de si fu-

A iĳ

rieuses,& de si visibles impostures. Elle veut donc
que tout le monde sçache que la guerre à laquelle
elle se prepare, n'est point vn mouuement preci-
pité de son courroux ou de la passion de la Reyne
la Mere,& moins encor vn effect de quelque haine secrette que leurs Ministres ou leurs Serui-
teurs ayent conceuë contre les Princes & les Seigneurs qu'elle a declarez rebelles à sa Couronne ;
Au contraire elle proteste deuant Dieu & deuant
ses Anges, qu'elle est contraincte de l'entrepren-
dre par le seul interest de son Estat, qu'elle ne peut
sauuer d'vn dernier naufrage, qu'en reprimant
l'audace des Mutins, par vn chastiment qui expie
les crimes passez, qui asseure les affaires presentes,
& qui serue d'vn puissant exemple pour l'auenir.
Tout le monde est témoin de la longue & incroia-
ble patience dont leurs Maiestez ont vsé à l'endroit de ces Princes & Seigneurs pour leur donner le loisir de se recognoistre, & de se rendre ca-
pables de meilleurs conseils que ceux que le dépit
& l'ambition leur ont fait embrasser. Tout le monde sçait qu'elles ont enuoyé deuers eux des personnes de toutes qualitez pour tascher de briser la
dureté de leurs courages, & de les amener à quelque sorte de raison, par des offres & des bien-
faicts qui les eussent indubitablement fléchis, s'ils
n'eussent eu les esprits preoccupez de ceste vaine
passion de secoüer le ioug de l'obeissance, & de
dissiper la Royauté. Mais ce qui surpasse toute sorte de bonté & de moderation en leur endroit, c'est
que leurs Maiestez estoient pleinement infor-
mées il y a cinq & six mois, des particularitez de
leur coniuration & du soufleuement auquel ils se
preparoient. Elles auoient aduis non seulement de
leurs subiects, mais aussi des Princes leurs voisins

& leurs alliez, qu'on faifoit des practiques dedans
& dehors le Royaume, qui ne tendoient qu'à la
fubuerfion entiere de cefte Monarchie, & qui n'a-
uoient pour but que la diffipation de leurs Prouinces, Et toutesfois pour monftrer combien elles
eftoient éloignées de toute violence, elles n'ont
point voulu deployer leurs armes, iufques à ce
que le Duc de Neuers, defirant de commencer
auffi bien ce dernier mouuement qu'il auoit efté
autheur du premier de Mezieres, fe foit ietté à la
Campagne, & ayt commis toutes fortes d'excés
contre l'honneur de cefte Couronne & contre le
refpect qui eft deu aux commandemens de leurs
Maieftez. Deuant cefte ouuerte declaration de
leurs mauuais courages, & deuant que de venir à
ces effects d'vne manifefte rebellion, parmy les
grands preparatifs qu'ils faifoient pour fe rendre
redoutables au Roy, Ils femoient le bruit par tout
qu'ils ne refpiroient que le feruice de leurs Maieftez, qu'ils n'auoient autre paffion que de voir les
chofes bien pacifiées, afin de reprendre leurs rangs
à la Cour, & que pour le defir de la guerre, ils en
eftoient fi éloignez qu'ils s'expoferoient pluftoft
aux plus grands outrages du monde que de faire
encor vne fois fouffrir à la France les exceffiues
miferes qu'elle auoit endurées fouz la fureur de
leurs premiers mouuemens. Et cependant ils ne
pouuoient tenir leur deffein fi fecret, qu'on ne
s'apperceuft bien de la fraude; veu que deflors, le
mefme Duc de Neuers entreprenoit fur les villes
du Roy, & nommément fur celles de Chaalons &
de Reims, où ayant efté empefché par la fidelité
des Officiers de fa Maiefté d'executer ce qu'il
auoit proietté, il entra en telle colere contre celuy
qui auoit fauué Reims, qu'à mefme temps il alla

se saisir d'vne de ses maisons qu'il emplit de gens de guerre, sans auoir voulu depuis reparer ceste iniure, encor qu'il en fust sommé par leurs Maiestez, qui s'y sentoient notablement interessées. Au contraire il la voulut couurir d'vn ridicule pretexte de ses droicts feodaux, en la poursuite desquels il fit paroistre de plus en plus le venin de ses mauuaises intentions. Leurs dissimulations & leurs deguisemens auoient donc deux fins : l'vne d'amuser le Roy & de le surprendre, en ne luy laissant aucun ombrage de leurs armes qui le peust obliger à se preparer contre leurs seditieux soustleuemens : Et l'autre de donner ceste impression aux peuples, qu'ils n'estoient point autheurs de ceste guerre, ains qu'on les contraignoit de pouruoir à la seureté de leurs vies & de leurs fortunes que l'on vouloit opprimer. Mais leurs Maiestez s'estans conduittes comme elles se sont conduittes en ceste occasion, ny elles n'ont esté surprises, ny on ne les peut accuser d'auoir donné la premiere apprehension de leurs armes. Partant si durant ceste tempeste qui est preste de s'esclorre, ou plustost de se grossir, les choses diuines sont foulées aux pieds, si tous les offices d'humanité sont violez, si les Prouinces sont desolées, si l'on emplit les champs de meurtre & d'horreur, si l'on commet toutes sortes d'outrages & de violences, comme il semble que les ennemis du Roy ayent pris ceste furieuse & desesperée resolution : Leurs Maiestez appellent Dieu, protecteur de leur Sceptre, à tesmoin qu'elles ont fait tout ce que elles ont peu pour destourner ce sanglant & tragique spectacle des yeux de la France, & que la seule opiniastreté des Rebelles est cause de cet embrazement, qu'elles voudroient pouuoir esteindre auec leur sang, s'il leur restoit vn autre moyé pour asseurer leur Couróne. Que leurs

ennemis ne cherchent donc point ailleurs la cause
de ceste horrible confusion qui menace ce Royaume; Qu'ils mettent seulement la main à la con-
science, & qu'ils recognoissent que leur ambition
est l'vnique peste de la Monarchie; & leur felon-
nie, le vray vlcere qui ronge tout cet Estat. Ils s'i-
maginent que le peuple recueillant auidement les
plainctes qu'ils sement contre vn officier de la
Couronne, ils s'exempteront de blasme, & reiette-
ront sur luy toute la haine des miseres dont ils
sont les autheurs. C'est pourquoy ils s'épandent
en inuectiues contre ses deportemens; & l'accu-
sent en somme que depuis la mort du feu Roy, il a
vsé de toutes sortes d'artifices pour se donner vne
pleine authorité dans cet Estat, qu'il a ietté dans
les affaires, des personnes indignes & inexperi-
mentées, qui n'ont autre but que ses passions, &
qu'il a esté cause de la violence qui a esté faicte aux
Princes & aux officiers de la Couronne & de la Iustice. Quant à ce qui regarde l'authorité qu'il s'est
acquise: On s'imaginoit que ses ennemis pour le
rendre plus odieux à tout le monde, s'efforceroiét
de le conuaincre d'auoir employé ses moyens &
son credit, pour pratiquer les estrangers, & les at-
tirer dans l'Estat du Roy, afin de le luy rauir: On
se figuroit qu'vne des moindres accusations qu'ils
proposeroient contre luy, ce seroit qu'il auroit tra-
hy les places consignées à sa foy, ou au moins qu'il
les auroit opiniastrement refusées quand on les
luy auroit redemandées pour accommoder les affaires de sa Maiesté: On s'attendoit qu'ils se met-
troient en deuoir de luy prouuer qu'il a de grandes
& puissantes intelligences en Italie, en Espagne,
ou en Angleterre pour ruiner ceste Couronne, &
sousmettre le Royaume à vn ioug estranger. Mais
l'enuie mesmes ne luy disputant point la fidelité

de ses seruices,& ses ennemis ne luy imputât pour
tout crime que sa seule faueur; Il est tout visible
que ce n'est plus la simple ialousie de sa fortune,
qui leur arrache ces plaintes,mais qu'il y a vn plus
grand dessein que celuy de sa ruine, qui ne seroit
pas capable d'assouuir la haine de tant de coniurez,
entre lesquels il y a des personnes qui pensent estrē
si eminētes,qu'elles veulent qu'on croye que pour
dernier hōneur il ne leur manque plus que la splē-
deur d'vne autorité absoluë.Pour les Ministres qu'ō
l'accuse d'auoir mis dans les affaires : c'est vne pu-
re calōnie,veu qu'il n'y a que le Roy seul qui dispo-
se souuerainemēt de ces grādes charges par les sa-
ges aduis de la Reyne sa Mere.Et au reste ceux qui
souz l'authorité de leurs Maiestez tiennēr auiour-
d'huy les resnes du gouuernement,sont personnes
qui ont apporté de si bonnes intentions aux affaires,& qui seruent le Roy auec tant de fidelité & de
suffisance,qu'ils ne peuuent déplaire qu'à ceux qui
n'ont plus l'ame Françoise, & qui se sont proposez
la ruine du Royaume. Celuy à qui leurs Maiestez
ont consigné les Seaux,a passé par tous les degrez
de la Iustice auec vne si grande recōmendation
de probité & de vertu, que leurs Maiestez l'auoiēt
iugé digne des premieres charges de leurs Cours
Souueraines deuant qu'elles l'eussent éleué à ceste
dignité. Celuy qui a esté fait Secretaire d'Estat, est
vn Prelat si plein de gloire pour l'innocence de sa
vie,pour l'eminēce de son sçauoir, & pour l'excel-
lence de son esprit,que tous ceux qui sçauent quel
est son merite, auoüeront aisément que Dieu l'a
destiné pour rendre de grands & signalez seruices
à leurs Maiestez au milieu des tempestes de leur
Estat. Pour celuy qui manie les finances, la voix
publique de tous ceux qui ont vne exquise co-
gnoissance

gnoiſſance de l'ordre des affaires du Roy, luy rend
ce glorieux témoignage, que iamais elles ne furét
ny plus innocemment, ny plus fidellement admi-
niſtrées, qu'elles le ſont auiourd'huy par ſes
mains, qu'il tient nettes de toute auarice. Auſſi
n'eſt-il point monté à ceſte charge pour s'y enri-
chir, mais il y a eſté éleué par leurs Maieſtez qui
l'ont éprouué exempt de toute autre paſſion que
de celle de leur ſeruice : Ses actions ſont expoſées
à la lumiere du Soleil, & l'on voit que ſa fortune
n'en eſt point plus enſlée, & qu'il demeure toujours en la meſme modeſtie & en la meſme moderation qu'il y a apportée. Quant à ce qu'on les de-
peint tous enſemble inexperimentez, ils donnent
cela à la paſſion des ennemis de l'Eſtat; Auſſi ce
n'eſt pas tant à eux que ceſte iniure eſt faitte, qu'à
leurs Maieſtez qui les ont choiſis pour leur aider à
ſupporter le faix de leurs plus importantes affaires. Ce qui aigrit les ennemis du Roy contre eux,
c'eſt qu'ils ont eſſayé leurs courages, & les ont
trouuez ſi fermes, qu'ils voyent bien qu'il n'eſt pas
en leur puiſſance ny de les eſtonner par la terreur,
ny de les gaigner par l'argent, ny de les ſurprendre
par leurs artifices. C'eſt l'vnique ſujet de leur
douleur, & la vraye ſource de leurs plaintes : ceſte
inuincible conſtance, & ceſte inflexible fidelité
eſtant vne puiſſante barriere pour arreſter leurs
deſſeins, & leur oſter le moyen de partager à leur
aiſe les Prouinces qu'ils ſe ſont vainement promi-
ſes pour fruict de leurs conqueſtes. Mais ceux qui
demandent qu'en les chaſſant, on reſtabliſſe en
leurs places les anciens officiers, ne s'immolent-ils
pas à la riſée de tout le monde ? Penſent-ils donc
qu'on aye oublié ces reproches de Tyrannie & de
diſſipation d'Eſtat dont à leurs premiers mouue-

mens ils ont chargé ces anciens Officiers, afin de les degrader ? Pensent-ils que leurs accusations soient effacées de la memoire des hommes, ou qu'on en ignore les autheurs ? Ceux qui par vne prodigieuse inconstance pressent auiourd'huy leur restablissement, ne sont-ce pas ceux mesmes qui ont fait éclater ces cruelles plaintes contr'eux ? *qu'ils vouloient regner dans la confusion, qu'ils estoient seuls cause du depart des Princes, qu'ils auoient conservé vn peu de repos à l'Estat, par des confusions & des prodigalitez, ventes d'honneurs & de reputation, où ils auoient prostitué tous les ordres de ce Royaume, qu'ils circonuenoient la Reyne Mere du Roy, partissans l'administration de ce florissant Estat, entre petit nombre de personnes ?* Voila comme ils les depeignoient lors qu'ils les prenoient pour suiect de leurs mescontentemens. Ce n'est donc point l'amour qu'ils portent aux anciens officiers qui leur fait faire ceste poursuitte, mais ce sont de nouuelles couleurs qu'ils cherchent, afin de rendre leur faction plus plausible, & plus populaire. Pour le troisiesme chef, par lequel ils reiettent sur luy, & en suitte sur les Ministres de l'Estat, la cause des violences qu'ils pretendent auoir esté faictes aux Princes, & aux officiers de la Couronne & de la Iustice, c'est porter bien peu de reuerence aux declarations que le Roy a si solennellement publiées dans son Conseil & dans son Parlement, d'appeller violences, les iustes procedures dont il a esté contrainct d'vser pour asseurer sa personne & celle de la Reyne sa Mere; & c'est bien aussi faire le contraire de ce qu'ils pretendent, de les declarer autheurs d'vn Conseil auquel leurs Maiestez confessent deuoir le salut de leur Estat & de leurs vies. Mais ne considerent-ils point, qu'en voulant des-honorer les Officiers de l'Estat, ils

taſchent par meſme moyen de ſoüiller indigne-
ment la reputation de leurs Maieſtez, d'vn crime
qui ne peut entrer dans leurs Ames vrayment
Royales, les accuſant d'auoir violé leur foy, qui
leur eſt plus chere que tous les Diadeſmes de la
terre, & d'auoir rompu le traitté de Loudun qu'elles auoient ſi ſainctement iuré? Si cela eſtoit vray
il y auroit dequoy rougir pour la cauſe de leurs
Maieſtez: Mais elles n'appellent à garant & à teſ-
moin de ceſte effrontée calomnie, que la conſcien-
ce de ceux qui ont ſigné ce Manifeſte, & qui ſça-
uent la part qu'ils auoient à la coniuration, qui
contraignit le Roy de faire arreſter Monſieur le
Prince, pour deſtourner l'orage, & diſſiper la tem-
peſte qui alloit accueillir ſon Eſtat, & fondre ſur ſa
Couronne. Mais ſi l'on deſire ſçauoir au vray, qui
ſont ceux qui ont enfraint le traitté de Loudun,
qu'on ſe ſouuiéne de la priſe de Peronne, & qu'on
ſe figure à quel point & à quelle extremité eſtoiét
alors reduittes les affaires du Roy, puis qu'en ce
temps-là ſes ennemis penſoient auoir tellement
aſſeuré leurs prattiques, que le Duc de Mayenne
eſtant à la Cour, careſſé de leurs Maieſtez, eut bien
la hardieſſe de faire ſortir des trouppes de Soiſſons, de Noyon, & de Chauny (places que feu
Monſieur ſon Pere auoit toujours fidellement có-
ſeruées, comme monumens de la clemence du
Grand Henry) & de les faire marcher le tambour
battant, & les enſeignes déployées, pour ſe ietter
dedans ceſte ville reuoltée, & empeſcher que les
commandemens de leurs Maieſtez n'y fuſſent exe-
cutez. Le Duc de Boüillon ſecondant ceſte audace,
encor qu'il euſt eſté enuoyé de la part de leurs Maieſtez, pour y reſtablir leur ſeruice, n'y mena-t'il
pas des Capitaines & des Ingenieurs, pour defen-

dre & fortifier la place contre les armes du Roy,
qui la menaſſoient : Si cela eſtoit garder le traitté
de Loudun, qu'eſt-ce donc qu'on appelle le violer?
Mais quel ſujeĉt de meſcontentement ont-ils receu, tout ce qu'ils ſont, depuis le dernier accom-
modement de Soiſſons, apres lequel ils proteſtoiét
d'eſtre ſi ſatisfaiĉts de leurs Maieſtez? La Reyne
Mere du Roy, de qui la iuſte poſterité lors que
l'enuie & les meſdiſances ſeront mortes, admirera
les exceſſiues bontez, comme elle adorera ſes in-
comparables vertus, n'a-elle pas fait en ſon parti-
culier, tout ce qui luy a eſté poſſible, pour arracher
de leurs ames ces mauuais deſſeins qu'ils ont for-
mez contre l'Eſtat? Ne leur a-t'elle pas ſinceremét
procuré tout ce qu'ils ont deſiré de ſa faueur? Et
cependant n'ont-ils pas conuerty toutes ces fleurs
en venin? Le Duc de Mayenne meſmes auquel ſa
Maieſté a toujours eu vne particuliere inclinatió,
l'ayant fait tres-humblement ſupplier, de luy faire
obtenir la charge de General de l'armée des Veni-
tiens, & ſa Maieſté la luy ayant impetrée, a bien eu
le courage de ſouffrir qu'on ait eſcrit, qu'elle la luy
auoit procurée pour le chaſſer hors du Royaume.
Et du depuis encor, en quel groſſier & calomnieux
artifice s'eſt-il laiſſé enuelopper par ceſte deteſta-
ble ſuppoſition qu'on luy a fait faire d'vn ſoldat
qu'on diſoit auoir eſté corrompu par les officiers
du Roy, pour attéter à ſa vie? De quel front pour-
ront iamais regarder les fleurs de Lys, ceux qui les
ont voulu ſouiller d'vne ſi viſible iniuſtice? Car il
n'y a plus de lieu pour les deguiſemens. Le Roy
qui eſt naturellement ennemy de ces perfidies,
ayát commandé à ſon Parlement d'interpoſer ſon
authorité, pour auerer ce crime, il s'y eſt gouuerné
auec vne telle ſincerité & diligence, que toute la

collusion est venuë en euidence, à la grande confusion de son autheur. Qui ne condamnera donc de si
abominables inuentions? Mais qui ne detestera les
autres moyens qu'on employe pour rendre odieu-
se à son peuple ceste Auguste Reyne, la fleur des
Princesses, & les delices du monde, dont toutes
les innocentes actions n'ont iamais eu autre but,
ny autre object, que la gloire de Dieu, la grandeur du Roy, les prosperitez de la France, la splen-
deur de tous les ordres du Royaume, & l'amour &
le salut de l'Estat? Auoit-elle donc merité parmy
les espines de son gouuernement, & parmy tant de
soins & de veilles qu'elle employe pour conseruer
l'honneur de ceste Couronne, & pour affermir le
Sceptre dans les mains du Roy son fils, que les ennemis de sa gloire publiassent effrontément qu'elle l'éloigne des conseils, au lieu qu'il ne se presente
affaire digne de ses yeux & de sa pensée, qu'elle ne
luy cōmunique tres-particulierement deuant que
d'en vouloir resoudre? Cette imposture ne tend
qu'à jetter des deffiances, & des semences de diui-
sion dans les Ames de leurs Majestez, afin de rendre leur ruine plus facile : Mais Dieu qui a yme les
Roys, n'a point permis que ce damnable artifice
ayt reüssy à ses autheurs; au contraire il a estreint
leurs sacrées volontez auec des nœuds si forts & si
puissans, que rien n'a iamais peu, ny ne pourra encor à l'auenir en violer la parfaitte concorde. Le
Roy plein de bon naturel, tesmoigne vne amour
& vne reuerence extraordinaire à la Reyne sa Mere, cōme à celle à qui il reconnoist deuoir, non seulement sa naissance, mais aussi le salut de son Royaume : Et la Reyne sa Mere, monstre n'auoir autre
passion, que celle de l'accroissement de sa gloire,
pour laquelle elle n'espargne, ny ses peines, ny sa

vie, defirant de le voir autant éleué par deſſus les autres Roys de la terre, que les Roys ſont éleuez par deſſus le commun des hommes. Or afin que le Ciel & la terre ſoient teſmoins de l'extreme ingratitude de ceux qui les traittent auec ſi peu de reſpect, On ſe ſouuiendra que le moins conſiderable d'entre-eux, depuis la mort du Grand Henry, a touché du Roy, dixhuict cent mille liures, & y en a tel qui en a receu plus de trois millions, tant leurs Majeſtez ont eu deſir d'acheter à quelque prix que ce fuſt le repos de leurs ſubjets & l'obeiſſance des Princes, & des anciés officiers de la Couronne qui pouuoient troubler la tranquillité publique. Cependant, voicy la quatrieſme fois qu'ils renoüent leurs prattiques, & qu'ils excitent de nouuelles tempeſtes, eſtãs induits à recommencer ſi ſouuent, & à rompre tous les traittez pour deux raiſons. L'vne, pource qu'ils en recueillent toujours quelque fruict, ne s'en eſtãt fait aucun dont ils n'ayent tiré de grands auantages, ſoit d'argent, ſoit d'augmentation de garniſons. Et l'autre, afin de conſumer le Roy en deſpenſes, l'obligeant à payer tous les fraiz de la guerre, & à contenter leurs trouppes auſſi bien que les ſiénes, à ce qu'il demeure vn jour ſi eſpuiſé de moyens, qu'il ſoit reduit à voir partager ſon Royaume deuant ſes yeux, ſans qu'il ſoit en ſa puiſſance de l'empeſcher. Sa Majeſté eſt donc reſoluë d'aller au deuant de ce malheur, & de deſtourner par la force de ſes armes, la ruine qui menaſſe ſon Eſtat : ſe promettant, que Dieu qui eſt protecteur de la cauſe des Roys, benira ſes juſtes deſſeins, & qu'il luy fera voir à ſes pieds, tous les rebelles ou vaincus, ou implorans ſa clemence. Elle deſireroit paſſionnément, que le bon Ange de la France, leur inſpiraſt la volonté de ſe ſouſmettre

à ce dernier, pluſtoſt que de vouloir eſprouuer la
rigueur de ſa juſtice. Mais l'audace & l'opiniaſtre-
té atrachent bien ſouuent la vengeance des plus
doux eſprits. Que ceux donc auſquels il reſte encor quelques reliques de prudence, & qui conſer-
uent encor quelque rayon du reſpect que toutes
loix diuines & humaines les obligent de rendre à
leur Roy, rentrent en eux-meſmes, & penſent ſe-
rieuſement à l'horreur du crime dont ils ſe vont
ſoüiller, demeurans dans vn party qui eſt preſt de
tourner ſes efforts contre la viuante image de la
Diuinité. Qu'ils laiſſent aux Barbares la haine des
Roys, & qu'ils appaiſent le courroux de leurs Majeſtez, par vn prompt retour à leur deuoir : Leur
repentance les mettra à couuert de l'orage qui
menaſſe les obſtinez. Car le Roy veut que ſes
armes imitent la foudre du Ciel, qui renuerſe tout
ce qui oſe luy reſiſter ; mais ne touche point aux
choſes qui ployent ſous ſon effort : de ſorte qu'il
les employera pour dompter ceux qui refuſeront
opiniaſtrement de receuoir la Loy de ſon Empire ;
& ne permettra pas qu'elles faſſent aucun mal à
ceux qu'vn iuſte repentir retirera du milieu de la
rebellion. Et pour ceux qui veulent perſiſter en
leurs mal-heureuſes entrepriſes, qu'ils impetrent
au moins de leur paſſion, qu'elle leur laiſſe vn bon
moment pour conſiderer auec quelque ſoin l'extreme mal'heur où elle les va precipiter : Qu'ils ſe
propoſent que l'ambition eſt vn furieux maiſtre :
Qu'ils ſe repreſentét, qu'ils ont à ſouſtenir la puiſſance du plus grand Roy du monde, qui ſera fidellement ſeruy en ceſte occaſion, puis qu'il y va du
ſalut de ſa Couronne, pour laquelle les François
ont accouſtumé de s'immoler. Mais ſur tout, qu'ils
ſe remettent deuant les yeux, que c'eſt leur Roy

legitime , contre lequel toutes sortes de resistan-
ces sont des parricides : Qu'ils se figurent, qu'e-
stans Princes François , ils ne peuuent demeurer
auec honneur dans vne armée de rebelles , puis
qu'ils n'y sçauroient combattre sans crime , ny
vaincre sans infamie. Toutesfois si ny le chastiment,ny le des-honneur qui les menasse, n'est capable de leur faire tomber les armes des mains,
qu'ils se ressouuiennent, que ce n'est, ny au milieu
de l'Espagne, ou de l'Angleterre, que ce n'est, ny
en la Palestine, ny en la Thrace, mais que c'est au
milieu de la France, & dans les entrailles de leur
propre patrie qu'ils vont porter le feu, le fer & les
larmes. Certes , si quelques vns d'entre eux n'y
peuuent rencontrer les tombeaux de leurs ayeulx,
au moins luy doinét-ils tous la gloire de leur naiss-
sance : Que le respect des Temples & des autels
qu'ils vont souiller de milles sacrileges ; Que la
compassion des Villes & des Champs qu'ils vont
emplir du sang des Innocents, que l'amour des
François qu'ils vont exposer à toutes sortes de
Barbaries & d'inhumanitez, que les pleurs de tant
d'orphelins & de veufues qu'ils vont causer dans
les Prouinces, En somme que l'image des premieres horreurs dont ils ont esté les autheurs , & les
spectateurs,durant les premieres guerres,leur fas-
se perdre l'enuie de continuer en leur execrable
resolution. Que si nulle de ces considerations n'est
assez puissante pour amollir leurs courages, qu'ils
tiennent pour maxime inuiolable,ou plustost pour
Oracle, *Que iamais personne ne prist les armes contre*
son Roy auec de bons presages, ny ne fist la guerre à sa Pa-
trie auec de bons succez.

F

www.ingramcontent.com/pod-product-compliance
Lightning Source LLC
LaVergne TN
LVHW010836180726
843502LV00009B/3589